Caballo Palomino

Grace Hansen

Abdo CABALLOS Kids

Abdo Kids Jumbo es una subdivisión de Abdo Kids
abdobooks.com

abdobooks.com

Published by Abdo Kids, a division of ABDO, P.O. Box 398166, Minneapolis, Minnesota 55439.

Printed in the United States of America, North Mankato, Minnesota.

102019

012020

THIS BOOK CONTAINS RECYCLED MATERIALS

Spanish Translator: Maria Puchol

Photo Credits: Alamy, iStock, Shutterstock

Production Contributors: Teddy Borth, Jennie Forsberg, Grace Hansen
Design Contributors: Dorothy Toth, Pakou Moua

Library of Congress Control Number: 2019944044

Publisher's Cataloging-in-Publication Data

Names: Hansen, Grace, author.

Title: Caballo Palomino/ by Grace Hansen

Other title: Palomino Horses. Spanish

Description: Minneapolis, Minnesota : Abdo Kids, 2020. | Series: Caballos

Identifiers: ISBN 9781098201050 (lib.bdg.) | ISBN 9781098202033 (ebook)

Subjects: LCSH: Palomino horse--Juvenile literature. | Horses--Juvenile literature. | Farm animals--Juvenile literature. | Spanish language materials--Juvenile literature.

Classification: DDC 636.13--dc23

Contenido

Los caballos palomino

Los caballos palomino son conocidos por su belleza. Son tan bonitos que en su momento fueron dignos de una reina. La **reina Isabel I** de España tuvo muchos de estos caballos.

Los palomino no son una raza, es el nombre para el color de la capa de pelaje.

Los caballos palomino tienen la piel oscura, pero el pelaje es dorado.

Los ojos son oscuros también.

Normalmente de color café.

La crin y la cola son blancas.

En muchas razas y en ninguna

La capa palomino, al no ser una raza en sí, puede encontrarse en cualquier raza de caballo. Más de la mitad de los caballos **inscritos** como palomino, son caballos cuarto de milla.

Los cuarto de milla tienen muchos talentos. Se les cría para competir, para la caza y como ganado. Son buenos caballos para formar parte de una familia.

Los purasangre palominos son enérgicos. Estos caballos se usan normalmente en las carreras.

Este caballo dorado es **único** y precioso, sin importar de qué raza sea.

Más datos

- Se dice que la **reina Isabel I** mantuvo 100 caballos palomino. No dejaba que otras personas que no fueran de la realeza los montaran. Los **plebeyos** no podían montar estos caballos.

- El color de este caballo ha cambiado un poco desde la época de la reina Isabel I. Empezó con un color más cercano a un crema claro y hoy en día es más color dorado.

- Normalmente, el pelaje del caballo palomino es un poco más oscuro en verano que en invierno.

Glosario

inscrito – estar en una lista oficial o registro.

plebeyo – persona del pueblo. En países con nobleza, los plebeyos son los que no tienen título de nobles.

reina Isabel I – conocida también como Isabel I de Castilla, reinó desde 1474 hasta 1504. Castilla es una región histórica de España.

único – diferente del resto.

Índice